U0623858

Zhongguo Wenhua
Zhishi Duben

中国文化知识读本

诗圣杜甫与现实主义诗歌

主编 金开诚

编著 陈少志

吉林出版集团有限责任公司

吉林文史出版社

图书在版编目（CIP）数据

诗圣杜甫与现实主义诗歌 / 陈少志编著 . 一长春：
吉林出版集团有限责任公司：吉林文史出版社，2009.12（2022.1重印）
（中国文化知识读本）
ISBN 978-7-5463-1987-2

Ⅰ.①诗… Ⅱ.①陈… Ⅲ.①杜甫（712～770）–人
物研究②杜诗–文学研究 Ⅳ.① K825.6②I207.22

中国版本图书馆 CIP 数据核字（2009）第 236925 号

诗圣杜甫与现实主义诗歌

SHISHENG DUFU YU XIANSHI ZHUYI SHIGE

主编/ 金开诚 编著/陈少志
项目负责/崔博华 责任编辑/曹恒 于涉
责任校对/王文亮 装帧设计/曹恒
出版发行/吉林文史出版社 吉林出版集团有限责任公司
地址/长春市人民大街4646号 邮编/130021
电话/0431-86037503 传真/0431-86037589
印刷/三河市金兆印刷装订有限公司
版次/2010年5月第1版 2022年1月第4次印刷
版次/2009 年 12 月第 1 版 2022 年 1 月第 4 次印刷
印张/8 字数/30千
书号/ISBN 978-7-5463-1987-2
定价/34.80元

《中国文化知识读本》编委会

主　任 胡宪武

副主任 马　竞　周殿富　孙鹤娟　董维仁

编　委（按姓氏笔画排列）

于春海　王汝梅　吕庆业　刘　野　李立厚

邴　正　张文东　张晶昱　陈少志　范中华

郑　毅　徐　潜　曹　恒　曹保明　崔　为

崔博华　程舒炜

关于《中国文化知识读本》

　　文化是一种社会现象，是人类物质文明和精神文明有机融合的产物；同时又是一种历史现象，是社会的历史沉积。当今世界，随着经济全球化进程的加快，人们也越来越重视本民族的文化。我们只有加强对本民族文化的继承和创新，才能更好地弘扬民族精神，增强民族凝聚力。历史经验告诉我们，任何一个民族要想屹立于世界民族之林，必须具有自尊、自信、自强的民族意识。文化是维系一个民族生存和发展的强大动力。一个民族的存在依赖文化，文化的解体就是一个民族的消亡。

　　随着我国综合国力的日益强大，广大民众对重塑民族自尊心和自豪感的愿望日益迫切。作为民族大家庭中的一员，将源远流长、博大精深的中国文化继承并传播给广大群众，特别是青年一代，是我们出版人义不容辞的责任。

　　《中国文化知识读本》是由吉林出版集团有限责任公司和吉林文史出版社组织国内知名专家学者编写的一套旨在传播中华五千年优秀传统文化，提高全民文化修养的大型知识读本。该书在深入挖掘和整理中华优秀传统文化成果的同时，结合社会发展，注入了时代精神。书中优美生动的文字、简明通俗的语言、图文并茂的形式，把中国文化中的物态文化、制度文化、行为文化、精神文化等知识要点全面展示给读者。点点滴滴的文化知识仿佛繁星，组成了灿烂辉煌的中国文化的天穹。

　　希望本书能为弘扬中华五千年优秀传统文化、增强各民族团结、构建社会主义和谐社会尽一份绵薄之力，也坚信我们的中华民族一定能够早日实现伟大复兴！

目录

一 "诗圣"杜甫

大雅堂前杜甫像

杜甫，唐朝伟大的现实主义诗人，字子美，河南巩县瑶湾人。他生于唐玄宗先天元年（公元 712 年），卒于代宗大历五年（公元 770 年），终年 59 岁。

杜甫出生在一个"奉儒守官"的封建官僚家庭，他的十三世祖杜预是西晋时期有名的一员大将，曾平定东吴，也曾为《左传》注解。杜甫经常以自己的远祖杜预为荣。《晋书》上有杜预的传记，说"杜预，杜陵人"。虽然杜甫出生在河南巩县，但他的远祖是杜陵人，而且杜甫也曾居住在长安城南的少陵以西，故当时的人也叫他杜少陵。

杜甫的祖父杜审言，是当时著名的诗人，

武则天时代做过膳部员外郎，后又做修文馆直学士。他对杜甫的影响还是比较大的。杜审言的儿子杜闲，就是杜甫的父亲，曾做过兖州司马和奉天县（现陕西乾县）的县令。杜甫的母亲是当时大家族的孩子。

成都杜甫草堂内杜甫塑像

杜甫的一生可分为四个时期。35岁以前是他读书和壮游时期。35-44岁是他困守长安时期。从45-48岁，是杜甫陷贼为官时期，也是他生活创作的第三时期。接下来就是他"漂泊西南"时期，这是他一生中的第四个时期。

唐朝是中国古典诗歌的全盛时代。杜甫生活在唐朝由盛转衰急剧转变的特殊时期。在开元时代，由于政治的相对稳定，社会经济的繁荣，人民的生活还是比较安定的。到了天宝初期，由于官僚贵族大量兼并土地，地方的势力范围越来越强大。再加上最高统治者唐玄宗骄奢淫逸，不理朝政，杨贵妃、李林甫、杨国忠等人更是肆无忌惮，使得当时的政治日益败坏。公元755年终于爆发了"安史之乱"。尽管之后唐朝还维持了一百五十年的历史，但自"安史之乱"之后，唐朝的政治经济就开始走下坡路了。杜甫尽管经历了所谓的开元盛世，但时间并不长。安史之乱期间，杜甫亲眼目睹了长安的几次沦陷。这期间，由于诗人过的是逃亡的生活，使他更接近人民，更能体会人民的痛苦。

杜甫的诗歌"以天下为己任"，时刻关注祖国的命运和前途。对唐朝的政治、社会有着比较深刻的反映，其作品具有极强烈的现实主义精神，"故当时号为诗史"。杜甫则被誉之为"诗圣"。他的作品数量近三千首，由于早期的作品有不少已经散佚了，现留存的作品只有一千四百多首。

杜甫的诗歌无论是思想性还是艺术性都很高。他的诗歌人民性很强，他用大量的诗作反映了当时的社会和人民的生活，揭露了封建统治阶级和安史叛军的残暴。他大胆地抨击朝廷，无情地揭露当时的黑暗现实，特别是对那些贪官污吏进行了无情的讽刺和批判。他的诗歌是当时社会的一面镜子。"朱门酒肉臭，路有冻死骨"，就是当时社会现实最真切的写照。在他的作品中时时关心百姓的疾苦，"安得广厦千万间，大庇天下寒士俱欢颜"，是他追求的目标。

杜甫的诗歌能够反映当时的重大政治事件，如《兵车行》《悲陈陶》《悲青坂》以

杜甫诗句

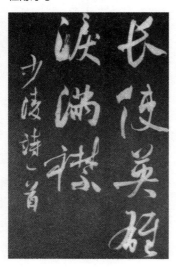

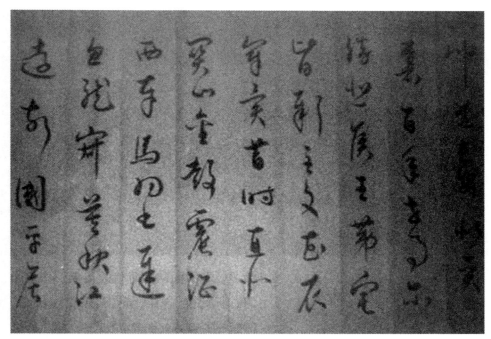

杜甫诗句

及"三吏""三别"等。杜甫的作品同样
也具有强烈的爱国情感。他的生命与祖国
和人民息息相关。当国家危难之时,"感
时花溅泪,恨别鸟惊心";当前方有好消
息传来时,他又会"漫卷诗书喜欲狂"。
除了与当时的政治和社会有着直接关系的
作品外,在他的作品中,也有一些写景咏
物的作品。他热爱生活,赞美祖国的山山
水水,这类作品同样也能引起人们对祖国
的热爱,所以人们也称杜甫为爱国诗人。

在艺术性方面,杜甫诗歌所取得的成
就也是值得重视的。他一方面向古人学习,

成都杜甫草堂

一方面向同时代的诗人、作家学习，对书、画、音乐、舞蹈等都广泛涉猎，同时充分利用民歌中的口语，使其诗歌更接近生活，接近人民。在学习的过程中，他取长补短、推陈出新，特别是继承和发扬了《诗经》以来的现实主义优良传统，正如用他自己所说"不薄今人爱古人""转益多师是汝师"。杜甫诗歌的艺术风格多种多样，历来所公认的的风格是"沉郁顿挫"。写诗的态度是"为人性僻耽佳句，语不惊人死不休"。由于他的辛勤学习，他的艺术修养极高，他兼备古今众体，集其大成。因此许多作品广泛流传，如《春望》《北征》《茅屋为秋风所破歌》《闻官军收河南河北》《秋兴八首》"三吏""三别"等。

诗圣杜甫与现实主义诗歌

二　早期生活写照

杜甫像

（一）幼年读书时期

　　杜甫出生时，家里的经济状况比较好，他从小就勤奋好学。杜甫对幼年的生活也曾有过一些描述。唐玄宗开元五年（公元717年），他曾经到郾城（现在巩县东南），观看公孙大娘舞"剑器浑脱"。"剑器"是武术中的舞曲名；"浑脱"原是吐蕃语，这里指的是太尉长孙无忌用乌羊毛做的毡帽，也称"赵公浑脱"，后来演化为舞曲后叫"浑脱"。公孙大娘在玄宗时代可是赫赫有名的女舞蹈家。书法家张旭就曾观看她的"西河剑器"舞而影响其书法创作。杜甫儿时对观赏公孙大娘的舞蹈印象是非常深刻的，他在晚年曾写过《观公孙大娘弟子舞剑器行》，可以看出公孙大娘的舞姿让他记忆犹新，长久不能忘怀，这首诗说道：

　　观者如山色沮丧，天地为之久低昂。霍如羿射九日落，矫如群帝骖龙翔，来如雷霆收震怒，罢如江海凝清光。

　　这首诗是说观看公孙大娘舞蹈的人山人海，大家为她的舞技惊诧不已，甚至于长时间的不能平静下来。公孙大娘的舞姿，既像后羿射落九个太阳那样的矫健飘逸，又像众神仙驾着飞龙而去时的如梦如幻；她来时如震怒的雷声，舞罢又若月光笼罩下的江海碧波。

杜甫7岁时就已经开始吟诗了，他的第一首诗是已经失传的《咏凤凰》。即所谓的"七龄思即壮，开口咏凤凰"。中国人常常说，"3岁看大，7岁看老"，一个人的天性如何，往往从他很小的时候就能够看出来了。"凤凰"在中国古代是一种吉祥之鸟。如果它出来是天下太平的征象，传说周朝的时候有凤鸣于岐山，孔子还叹息过"凤鸟不至"，可见凤凰只是神话中的鸟，杜甫"七龄"就"咏凤凰"，从小就表现了一种高远的心志，可惜这首诗没有留下来，尽管我们已经无法知晓这首诗的内容，但从题目中可以看出杜甫小

成都杜甫草堂杜甫像

早期生活写照

杜甫塑像

的时候还是很富于幻想的。

　　杜甫小的时候比较瘦弱，常常生病。后来，身体的渐渐地好转起来。晚年在成都曾写《百忧集行》中回忆童年时的生活曾写道：

> 忆年十五心尚孩，健如黄犊走复来，
> 庭前八月梨枣熟，一日上树能千回。

　　十五岁应该是少年了，可杜甫说他"心尚孩"，还跟小孩子一样。"犊"是小牛，"走"，是跑的意思，在古代走叫"行"。他说我小时候身体强健得像一头健壮的小黄牛，每天漫无目的地跑来跑去，没有一刻停下来，当八月院子里梨子和枣子成熟时，他一天无数次地爬上果树采摘果实。这一段的生活是非常幸福和惬意的。

杜甫除吟诗之外，在书法方面也很有造诣。在他晚年写的《壮游》诗中说"九龄书大字，有作成一囊"。是说他到9岁的时候就写有一口袋的字了。晚年时他曾写过一首《得房公池鹅》，诗中说"凤凰池上应回首，为报笼随王右军"。王右军是晋朝著名的书法家王羲之，杜甫拿王右军的书法自比，可见其对自己的书法还是很得意的。杜甫曾在《李潮八分小篆歌》中主张"书到瘦硬方通神"，明朝人胡俨曾看到过杜甫的字体，说其风格是"字甚怪伟"，由此我们可以想见其字的风格。

不久，杜甫的母亲就去世了，他父亲在外面做官，没有人照看他，于是就把他送到洛阳的姑母家中。洛阳属于东都，长安属于西都。皇帝以及王宫大臣经常到洛阳来，有时还会住上一段时间。杜甫在晚年时曾写了一首诗《壮游》，主要写他少壮时代的游历。他说"往昔十四五，出游翰墨场"，又说"性豪业嗜酒，嫉恶怀刚肠"。杜甫十四五岁时，就已经和当时洛阳著名的文人如崔尚、魏启等交往了，而且颇受

传说中杜甫手迹

夸赞。正因为如此，他才有机会到岐王李范（睿宗的第四个儿子，玄宗的弟弟）以及秘书监涤的府第里做客。与这些文学界的一些有名的作者交游，对杜甫的帮助很大。他性格豪放，从少年时代就已经开始喜欢喝酒了。杜甫喝酒时不仅豪情万丈，而且性格刚正不阿，疾恶如仇。

（二）壮游时期

从 20 岁起，杜甫结束了书斋生活，开始了长达十年以上的"壮游"时期。这一点和司马迁有着相似的经历。他南游吴越（现江苏南部和浙江），在那里游历之时，他曾经"枕戈忆勾践，渡浙想秦皇"。"勾践"

杜甫二十岁就开始了长达十年的"壮游"时期

是当年越国的国王，被吴国夫差打败之后，为了复兴越国，每天枕着他的戈（一种兵器），在柴草堆上睡觉。而且每天尝着吊在头顶之上的苦胆，以警示自己不忘雪耻复国。上天不负有心人，勾践最后终于如愿以偿。当杜甫渡过浙水的时候，他又会想起浩浩荡荡巡游东南的秦始皇。由此可见，杜甫的壮游，不是一般的游山玩水，他在游览的同时，心中所感慨的是千古兴亡之事。当时的唐朝在世界上是一个很兴盛发达的国家，与许多国家都有来往与交流，尤其是与日本交往密切。杜甫也曾经想去日本，"东下姑苏台，已具浮海航"，

勾践卧薪尝胆图

早期生活写照

013

杜甫《望岳》石刻

那是他已经准备好要航海到海外去，可是没有去成。"到今有遗恨，不得穷扶桑"。"扶桑"本来是中国古代神话中所说的一种树木，据说生长在日出之地。太阳从东方的海上升起来，日本既在东方又在海上，所以中国人常常称日本为"扶桑"。可见，杜甫一直遗憾自己没有去日本。杜甫在江浙一带游历之后，中间回河南考了贡举，后来又去长安考进士，"改忤下考功第，独辞京尹堂"。"忤"是说不顺利，"第"是等级，"下第"就是没有考上，"考功"是当时唐朝掌管科第的政府机会，负责这方面工作的官吏叫考功员外郎。后来这项工作转由礼部来主持。"京兆府"指的是首都所在地，唐朝把长安及附近的地方称为"京兆府"。因为杜甫毕竟年轻，也就暂且放下了考试，再去游历。当他20岁时北游齐赵（现山东、河北南部、山西等地）。并先后和苏源明、高适、李白等结下了兄弟般的情谊。在这长期的壮游中，诗人不仅游览了祖国的壮丽河山和宝贵的文化遗产，同时也了解了许多的历史人物，熟悉了当地的人民生活和社会状况，拓展了他的视野，为他早期的诗歌创作提供了丰富的素材。这一时期的作品以《望岳》诗为代表：

岱宗夫如何？齐鲁青未了。

造化钟神秀，阴阳割昏晓。

荡胸生层云，决眦入归鸟。

会当凌绝顶，一览众山小。

　　这首诗的题目是"望岳"，岳指的是高山，在这首诗中特别指的是泰山。中国有所谓的"五岳"，即东岳泰山、西岳华山、南岳衡山、北岳恒山和中岳嵩山。我们说，诗人有遇有不遇，有的人机会好，仕宦显达，像宋朝的晏殊，14岁就以神童的资格来到中央政府做了秘书省正字；可有的人命运多舛，六七十岁都没有考中，甚至终

泰山风光

早期生活写照

生不遇。人是如此，山也如此。就像中国的五大名山，最有名的是泰山。泰山之所以有名，因为它经过了孔子的赞美，孔子曾说自己"登东山而小鲁，登泰山而小天下"（《孟子·尽心上》）。孔子是山东人，他只上了泰山，没有机会去游别的山。比如衡山在湖南省，湖南那时候还被看作"荆楚南蛮之地"，孔子当然没有去过。泰山因为孔子而出名，当年杜甫没有登泰山之前，因为听孔子说泰山好，就想去看一看，这首诗之所以写得好，就是因为杜甫把自己的真情实感写出来了。

我们看一看这首诗是如何写的：

"岱宗夫如何？""岱宗"是对泰山的

泰山石刻

尊称。因为它曾经得到过孔子的赞美所以被奉为众山中的佼佼者。"夫"是语助词，没有实在意义。"夫如何"是说泰山"怎么样"。杜甫生在河南，泰山在山东，因此对泰山特别向往。诗句中开头的一句话，在泰山还没有真正出现在眼前之时，作者那期待已久的向往之情已经跃然纸上。

接着他说"齐鲁青未了。"春秋战国时代，诸侯称霸，当时称霸的诸侯有齐、楚、燕、韩、赵、魏、秦。杜甫说，泰山那青色的山脉一直延伸并且跨过齐、鲁两国，尚且看不到它的尽头。开头两句就不同凡响，写出了泰山的宏伟气势。

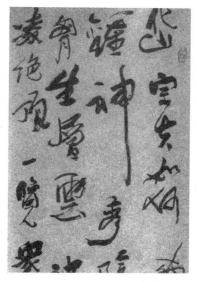

杜甫《望岳》

接下来，作者又写出了泰山的神秘之感。他觉得泰山是"造化钟神秀"。"造化"指创造宇宙的那个神灵。"钟"，是指把感情专注于某一个人或某一个地方。"钟神秀"，是说泰山没有任何人工斧凿痕迹的那种自然美丽。这句话就是说，泰山是如此的美丽，好像是造化对它情有独钟，把天地之间的灵秀之气都给了泰山了。这一句是杜甫对泰山的一个整体的印象。当作者又继续靠近泰山时，他又说"阴阳割昏晓"，这一句是说泰山之高。"阴阳"，

如果用阴阳来说山水的话，那么山的北面背着太阳的那一面就叫阴，山的南面向着太阳的那一面就叫阳；而水正好与山相反，水的北面是阳，南面是阴。"昏"是昏暗不清的样子，"晓"就是破晓，是说天亮了。"割"是说泰山特别高，当太阳出来的时候，它的阴阳两面好像被刀割开一样，界线非常分明。

当杜甫越来越靠近泰山时，他眼前的泰山是"荡胸生层云"，极目远眺，映入眼帘的是"决眦入归鸟"。"眦"是眼角，"决"张开的意思，指尽量睁大眼睛往远处看，他目送归鸟向远处飞去，直到它消逝在远方，不见了踪影。

杜甫接着又说"会当临绝顶，一览众山小"。"会当"表示一定要做什么，作者是要"凌绝顶"。他说一定要爬到山的最高处，只有那样，才会"一览众山小"。正如孔子所说"登泰山而小天下"一样，所有的山峰似乎都在自己的脚下了。泰山的宏伟、泰山的不同凡响，特别是杜甫的感动，通过诗句一点点地流淌出来了。

杜甫"周览天下名山大川"的经历，开阔了视野。重要的是，这一时期的游历

泰山风光

生活，使杜甫增添了对祖国大好河山的喜爱之情，为他早期的诗歌带来了相当浓厚的浪漫主义色彩。当然对他后来的爱国诗篇的创作也有很大的帮助，杜甫写这首诗的时候不过二十八九岁。

公元 744 年，李白在京城长安因得罪了杨贵妃和高力士，玄宗赐金放还，到洛阳和杜甫会面，这两位大诗人的会面成为中国文学史上的一段佳话。两位诗人互相倾慕，互相帮助，并一同游历。之后，又遇见了诗人高适，三个人一同游历。这一段的游历生活，使杜甫感到非常的惬意。不久三人分别，杜甫则独自一人再次来到了京城长安。诗人这

李白与杜甫蜡像

诗圣杜甫与现实主义诗歌

成都杜甫草堂内诗人
木刻画

一时期的游历生活，决定了他不可能深入
生活，了解人民的生活，作为一个伟大的
现实主义诗人，这一时期是他创作的蛰伏
和准备时期。

早期生活写照

三 困守长安时期

长安古城墙

杜甫在长安写了许多怀念李白的诗篇

杜甫来到了长安之后，对李白特别想念，写了好多怀念李白的诗篇。他对李白的创作风格给予高度的评价，他说："白也诗无敌，飘然思不群，清新庾开府，俊逸鲍参军。"庾开府，即南朝梁时期的诗人庾信，入周后官至骠骑大将军，开府仪同三司，其诗赋以清新俊逸见长；鲍参军，即南朝宋时期时杰出诗人，为临海王子顼参军，其诗风格俊拔飘逸，尤其擅长乐府歌行。他在诗中是对李白夸赞有加，说他兼有两大诗人的长处。

杜甫此时在长安，正是当朝奸相李林甫和杨国忠横行霸道之时，也是安史之乱爆发的前奏。游历生活之后，杜甫还是希望能够

诗圣杜甫与现实主义诗歌

长安古城

被朝廷所用，以实现他的"致君尧舜上，再使风俗淳"的远大政治抱负，但事实恰恰相反。不管他怎样的努力，换来的都是屈辱的生活。他在《奉赠韦左丞丈二十二韵》中写道：

朝扣富儿门，暮随肥马尘，残杯与冷炙，到处潜悲辛。

他每天在饥寒交迫中挣扎着，经常挨饿受冻。这是杜甫对这一段生活的真实写照，已经显现出他现实主义创作的端倪。

天宝六载（公元 747 年），唐玄宗下诏书选拔通一艺以上的士人，当时的宰相李林甫心怀鬼胎，建议由尚书省长官主试，

杜甫塑像

结果应试的士人无一人录取，李林甫上表说"野无遗贤"，诗人杜甫和元结等人也在此列。当时人说李林甫"口有蜜，腹有剑。"这一次应试，使天下的士人都受到了愚弄，杜甫为此也深感沉痛，并一度想退隐，但最终，诗人还是选择了积极入世的道路，这对诗人后来的现实主义文学创作提供了一个有力的契机。杜甫在长安后，也与那些达官贵人们交往。当时最欣赏杜甫的一个人是尚书左丞韦济升，"左丞"是一个相当高的职位，杜甫希望他能够引援自己，为朝廷所用，并为此写了一首诗《奉赠韦左丞丈二十二韵》。这首诗对了解杜甫的生平相当重要。杜甫这样写道：

纨绔不饿死，儒冠多误身。丈人试静听，贱子请具陈：

甫昔少年日，早充观国宾。读书破万卷，下笔如有神。

赋料扬雄敌，诗看子建亲。李邕求识面，王翰愿卜邻。

自谓颇挺出，立登要路津。致君尧舜上，再使风俗淳。

此意竟萧条，行歌非隐沦。骑驴十三载，旅食京华春。

朝扣富儿门，暮随肥马尘。残杯与冷炙，到处潜悲辛。

诗圣杜甫与现实主义诗歌

主上顷见征，欻然欲求伸。青冥却垂翅，蹭蹬无纵鳞。

甚愧丈人厚，甚知丈人真。每于百僚上，猥诵佳句新。

窃效贡公喜，难甘原宪贫。焉能心怏怏？只是走踆踆。

今欲东入海，即将西去秦。尚怜终南山，回首清渭滨。

常拟报一饭，况怀辞大臣。白鸥没浩荡，万里谁能驯！

杜甫自 24 岁时在洛阳应进士试落选，到写诗的时候已有十三年了。特别是到长安寻求功名也已三年，结果却是处处碰壁。

杜甫在长安寻求功名三年期间处处碰壁

困守长安时期

杜甫在这首"二十二韵"，表示如果实在找不到出路，就决心要离开长安，退隐江湖。杜甫在这首诗中不卑不亢，直抒胸臆，将他长期郁积下来的对封建统治者压制人才的悲愤不平倾泻而出。

"纨绔不饿死，儒冠多误身。"开头一句作者就直抒胸臆，把积压在心中的愤懑不平和盘托出。他说，你看看现在的社会状况，贫富不均的现实比比皆是。富贵人家的子弟一生都不愁吃喝，只管享受奢华的生活，而读书人反而不能实现自己的抱负，白白地浪费青春和时光，事业和前程几乎成了泡影。此时的社会风气，出身和背景非常重要，如

杜甫塑像

诗圣杜甫与现实主义诗歌

果父亲兄长是做高官的，自然就有被提升的机会，甚至于富贵显达，如果家庭没有这样的背景，只靠苦读是无能为力的。

"丈人试静听，贱子请具陈。""丈人"指的是韦济，因为他比杜甫年纪大、地位高，所以这样称呼他。"贱子"是自称、谦称。这句话是说，韦老先生请您允许我这个卑微的晚辈向你详细地说一说。

甫昔少年日，早充观国宾。读书破万卷，下笔如有神。赋料扬雄敌，诗看子建亲。李邕求识面，王翰愿卜邻。自谓颇挺出，立登要路津。致君尧舜上，再使风俗淳。

杜甫像

这一段话是说想当年我在少年时代就已经到长安去了，并参加了考试。（"观国宾"，国，指首都；观，指的是《易经》里"观"卦，就是说，你要想了解首都的各方面的情况，应该到那里去游历，并作为宾客去朝觐君王。）而且我读有上万卷的书，落笔写诗有如神助。人家认为我的诗可以和曹植的诗相媲美。（杜甫是非常自信的。）李邕希望与我谋面，王翰愿意与我为邻。本以为以自己杰出的才能，马上就可以被考取，得到一官半职，这样就可以实现使我们的国君成为像尧舜那样圣明的君主，使日渐败坏的社会风气再度回到开元盛世那样淳朴的时代。
事实上杜甫的这次考试，被戏弄了。

　　此意竟萧条，行歌非隐沦。骑驴十三载，旅食京华春。朝扣富儿门，暮随肥马尘。残杯与冷炙，到处潜悲辛。主上顷见征，欻然欲求伸。青冥却垂翅，蹭蹬无纵鳞。

　　这一段话杜甫的意思是说我原本自己可以为国家做一番大的事业，但是，我的这个愿望已经落空了。（竟，指的是出乎意料之外）我到处游荡，去行歌、去做诗，可我的本意并不是要过这种"隐沦"的生活。(古人所说的"行歌"代表隐士的生活；行，指的是到处游荡；歌，指的是吟啸，

杜甫草堂内的诗句碑刻

杜甫塑像

指杜甫吟诵古人或自己的作品）我骑着一头毛驴，在外游荡十三年之久，回到长安后，本以为可以施展自己的才华，贡献自己的才干，可有谁能想到在长安求而不得，过着像讨饭一样的生活。（乞食，指讨饭；京华春，是说首都长安是达官贵人居住的地方，这里歌舞升平，与我正好形成了鲜明的对比。）我每天只能厚着脸皮去见富贵人家，求得人家把喝剩的残羹剩菜给我，凡是我经过的地

诗圣杜甫与现实主义诗歌

方，到处都隐藏着无限的辛酸和悲苦。

甚愧丈人厚，甚知丈人真。每于百僚上，猥诵佳句新。窃效贡公喜，难甘原宪贫。焉能心怏怏？只是走踆踆，今欲东入海，即将西去秦。尚怜终南山，回首清渭滨。常拟报一饭，况怀辞大臣。白鸥没浩荡，万里谁能驯！

这一段话，写诗人对韦济的感激、期望落空、决心离去而又恋恋不舍的矛盾复杂心情。

杜甫尽管年轻时没有中举，但他还是希望有机会再试一试。因为在中国的封建时代，你要想实现你的政治理想，只能参加考试被录用，否则就没有机会了。天宝十载的正月初一，玄宗在朝廷举行了三个重要的典礼，祭祀天地祖宗，分别是朝献太清宫、朝享太庙、有事于南郊。献赋，是中国古代的一种传统，有一些文人雅士如果考不中，就希望通过献赋来得到引见和重用。此时的杜甫已经四十出头了。"四十明朝过，飞腾暮景斜"（《杜位宅守岁》），他说40岁马上就要过去了，"人生七十古来稀"，尽管我有那么高远的志向和才华，可我的生命已经过了大半。为了使自己能够有机会得到重用，杜甫写了三篇《大礼赋》，皇帝看到了杜甫写的三

杜甫草堂诗圣遗像

杜甫画像

篇赋，认为好，为了考考杜甫的真实水平，安排了一个特殊的考场。正如他《壮游》诗所说"天子废食召，群公会轩裳"，皇帝并没有为他而"废食"，只是召见了他，并为他一人安排了一次特殊的考试。他晚年时写过一首诗《莫相疑行》，描述当时的情景是"集贤学士如堵墙，观我落笔中书堂"。那时朝廷有一个政府机关叫集贤院，顾名思义，就是把天下有才能的人聚集在这里的一个机构。唐朝中央政府有三个最高的部门，被称为"三省"：左省是门下省，右省是尚书省，中央一省即中书省，"中书堂"就是中书省里面的大堂。为杜甫单独设立的这次考试，使集贤院里许多有学问的人像一堵墙一样地把他包围了，观看杜甫在"中书堂""落笔"，考试结果也不错，皇帝让他"待制集贤院"。也就是说，皇帝相信你的才华是真实的，你被皇帝认可了，那你就等待着分配吧。皇帝欣赏杜甫，可是主管分配的人并没有把杜甫放在眼里，结果，这一耽误就是四年。四年后，分配的命令下来了，让杜甫去河西县做县尉，杜甫并没有到任。后改任为古卫率府兵曹参军，管理东宫宿卫，这是一个非常卑微的职务，杜甫到任时已经四十四岁了。杜甫尽管也做

杜甫草堂前杜甫像

困守长安时期

《兵车行》绘画

了很多努力，希望能得到一个更好的职位，可一直没有如愿以偿。

从天宝五载到天宝十四载，杜甫在长安居住的十年里，他的生活越来越贫穷。生活折磨了杜甫，也成全了杜甫，这一段的生活，使他能够深入人民生活，亲眼目睹了人民的苦难与酸痛。同时，作者也亲眼看到了统治阶级的残暴与无情。十年困守长安的生活，使杜甫由早期的浪漫主义诗人转变成了一个忧国忧民的现实主义诗人。至此，奠定了作者今后的生活道路和创作道路的方向。这一时期的代表作是《兵车行》《丽人行》《自京赴奉先县咏怀五百字》等。

我们先来看这首《兵车行》。

车辚辚，马萧萧。行人弓箭各在腰。耶娘妻子走相送，尘埃不见咸阳桥。牵衣顿足拦道哭，哭声直上干云霄。道旁过者问行人，行人但云点行频。或从十五北防河，便至四十西营田。去时里正与裹头，归来头白还戍边。边庭流血成海水，武皇开边意未已。君不闻汉家山东二百州，千村万落生荆杞。纵有健妇把锄犁，禾生陇亩无东西。况复秦兵耐苦战，被驱不异犬与鸡。长者虽有问，役夫敢申恨？且如今年冬，未休关西卒。县官急索租，租税从何出？信知生男恶，反是生女好。生女犹得嫁比邻，生男埋没随百草。君不见青海头，古来白骨无人收。新鬼烦冤旧鬼哭，天阴雨

《兵车行》书法

湿声啾啾！

　　《兵车行》是一首乐府体的诗，这首诗描写战士出发时与家人的生离死别。揭露统治阶级征兵征税，使得农业生产遭到了极度的破坏，而出征的战士在战场上死亡无数。老百姓怨声载道。这是杜甫第一次正面抨击唐朝封建统治集团，是他的诗歌创作走向现实主义的里程碑。

　　《丽人行》原诗：

　　三月三日天气新，长安水边多丽人。态浓

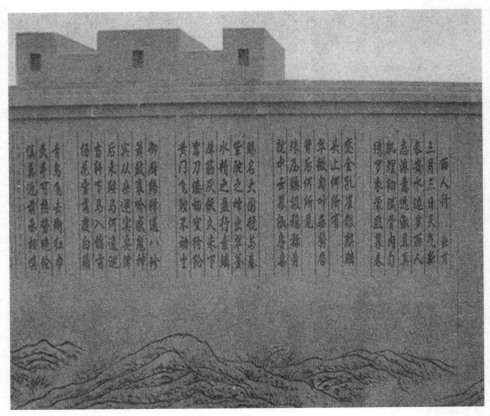

《丽人行》

意远淑且真，肌理细腻骨肉匀。绣罗衣裳照暮春，蹙金孔雀银麒麟。头上何所有？翠微盍叶垂鬓唇。背后何所见？珠压腰衱稳称身。就中云幕椒房亲，赐名大国虢与秦。紫驼之峰出翠釜，水精之盘行素鳞。犀箸餍饫久未下，鸾刀缕切空纷纶。黄门飞鞚不动尘，御厨络绎送八珍。箫鼓哀吟感鬼神，宾从杂遝实要津。后来鞍马何逡巡？当轩下马入锦茵。杨花雪落覆白苹，青鸟飞去衔红巾。炙手可热势绝伦，慎莫近前丞相嗔。

全诗通过杨氏兄妹曲江春游的情景，揭露了封建统治者的荒淫腐朽，反映了安史之乱前夕动荡的社会现实。诗中先泛写游春仕女的体态之美和服饰之盛，之后描述杨氏姐妹的娇艳姿色。接下来写他们宴饮的奢豪及受到的宠幸、杨国忠的仗势骄横等。诗中的场面宏大而富丽，笔调细腻而生动，含蓄而又意在言外。

安史之乱是唐朝的重大政治事件，是唐朝由盛转衰的转折点，历史上也称之为藩镇之乱。杜甫由于他的经历，对国家的安危的关心，他已经意识到大乱即将发生，在天宝十四载十一月，杜甫从长安出发到奉先探望家人。玄宗依然歌舞升平，坐享其乐，杜甫感到非常的愤慨，在奉先的家里，写了一首长诗《自京赴奉先县咏怀五百字》。

社陵有布衣，老大意转拙。许身一何愚！窃比稷与契。居然成濩落，白首甘契阔。盖棺事则已，此志常觊豁。穷年忧黎元，叹息肠内热。取笑同学翁，浩歌弥激烈。非无江海志，潇洒送日月；生逢尧舜君，不忍便永诀。当今廊庙具，构厦岂云缺？葵藿倾太阳，物性固莫夺。顾惟蝼蚁辈，但自求其穴；胡为慕大鲸，辄拟偃溟渤？以兹误生理，独耻事干谒。兀兀遂至今，忍为尘埃没？终愧巢与由，未能易其节。沉饮聊自遣，放歌破愁绝。岁暮百草零，疾风高冈裂。天衢阴峥嵘，客子中夜发。霜严

《丽人行》塑像

困守长安时期

衣带断，指直不得结。

　　凌晨过骊山，御榻在嵽。蚩尤塞寒空，蹴踏崖谷滑。瑶池气郁律，羽林相摩戛。君臣留欢娱，乐动殷胶葛。赐浴皆长缨，与宴非短褐。彤庭所分帛，本自寒女出。鞭挞其夫家，聚敛贡城阙。圣人筐篚恩，实欲邦国活。臣如忽至理，君岂弃此物？多士盈朝廷，仁者宜战栗！况闻内金盘，尽在卫霍室。中堂舞神仙，烟雾蒙玉质。暖客貂鼠裘，悲管逐清瑟。劝客驼蹄羹，霜橙压香橘。朱门酒肉臭，路有冻死骨。荣枯咫尺异，惆怅难再述！北辕就泾渭，官渡又改辙。群水从西下，极目高崒兀。疑是崆峒来，恐触天柱折。

《丽人行》塑像

河梁幸未坼，枝撑声窸窣。行旅相攀援，川广不可越。老妻寄异县，十口隔风雪。谁能久不顾，庶往共饥渴。入门闻号咷，幼子饿已卒。吾宁舍一哀，里巷亦呜咽。所愧为人父，无食致夭折。岂知秋禾登，贫窭有仓卒。生常免租税，名不隶征伐。抚迹犹酸辛，平人固骚屑。默思失业徒，因念远戍卒。忧端齐终南，洞不可掇。

这是一首很长也很不好读懂的一首诗。作者以真实的笔法，把所见所闻真实的记录下来了。全诗共分三大段。第一段咏怀，第二段咏怀并写赴奉先县途中所见

《丽人行》塑像

困守长安时期

所闻，第三段到家前后及咏怀。下面我们来看一看作者在这首诗里都写了哪些内容：

> 杜陵有布衣，老大意转拙。许身一何愚！窃比稷与契。居然成濩落，白首甘契阔。盖棺事则已，此志常觊豁。穷年忧黎元，叹息肠内热。取笑同学翁，浩歌弥激烈。

杜甫草堂书屋

"杜陵"是个地名，在当时首都长安的附近。"布衣"，代表的是平民百姓，因为只有贫穷的百姓才穿布衣，而那些达官贵人则穿丝帛。杜陵这个地方有一个布衣，年纪越来越大了，我不但没有变得越来越圆滑，反倒怀抱、志意越来越固执、越来越坚定，所以人家看我也就觉着更加笨拙了。"许身"，就是以身相许，也就是把自己的一生都交付出去。如果一个女子，愿意嫁给她钟情的男子，那是"许身"，那么男子呢？司马迁《史记·伯夷列传》中讲过"贪夫徇财，烈士徇名，夸者死权，众庶冯生"，就是说，贪财的人把他的一辈子都许给金钱，为了追求金钱不惜一切代价，人格、品德、良心，乃至生命。烈士死后能得到好的名声；而那些夸夸其谈的狂傲之人，为了追求权利，可以出卖自己的一切。杜甫把自己许给谁了呢？他说，我为什么会这么愚笨呢？我许身既不是名也不

农耕文明的始作俑者后稷

是利，而是我"致君尧舜上，再使风俗淳"的理想。是"窃比稷与契。""稷与契"是两个人的名字，稷，是周朝的一个祖先，也称后稷，在舜的时候曾"教民稼穑"，因此被尊奉为农业耕种的始祖。"契"在舜的时候曾任司徒之职，掌管民事，使每个人都能过上幸福安然的生活。中国古代其实最推崇的两个人，一个是后稷，再一个就夏禹。由此可见，杜甫的胸襟是非常博大的，所以说他是集大成者，因此被称之为"诗圣"，可杜甫这一腔热血，竟然落得个到处碰壁。"漯落"同"瓠落"。出自《庄子》。"瓠"是瓜的一种，庄子曾讲过这样一个故事：楚人给了我一个大瓠的种子，种上后结了一个很大的瓠瓜，大到"瓠落无所容"，已经没有可容之地了。也就是说，一个人的愿望很大，但落空了，就叫"瓠落"。杜甫又说，你看现在的我，刚四十出头，头发就都白了，可是我还是心甘情愿地去追寻，不肯放弃，宁肯穷苦。"契阔"在这里指穷苦。除非有一天我死了，盖上棺材后才算了断。也就是说，只有我还有一口气，我就不会放

杜甫草堂内竹林

诗圣杜甫与现实主义诗歌

弃我的理想。可是杜甫一直没有得到实现理想的机会，他眼中看到的百姓是"穷年忧黎元，叹息肠内热"。在这兵荒马乱之年，他想的不是自己的忧愁，而是饥寒交迫的老百姓。一想到这里，就不由得心里一阵阵地发热。"黎"是黑色的，中国人头发是黑色的，所以秦始皇称之为"黔首"，而"黎元"合起来正是人民百姓的意思。虽然被同辈们冷嘲热讽和取笑，可我却放声狂歌，这种激昂慷慨的感情反而更加强烈了。

杜甫草堂园内景色

　　非无江海志，潇洒送日月；生逢尧舜君，不忍便永诀。当今廊庙具，构厦岂云缺？葵藿倾太阳，物性固莫夺。

　　"江海"指的是归隐，杜甫说我何尝没有隐居的打算，过那种逍遥自在的生活，心中也不会有这么多的忧愁和烦恼了。可是从我出生，我们家族就培养我的爱国和忠君的思想，而且我也是在开元盛世中度过的，我怎么忍心看着我的国家，江河日落，一天天地败坏下去。我怎么忍心丢下我的国家不管，不关心世事呢？杜甫放不下朝廷，但朝廷不要他，也不关心他。"葵藿倾太阳，物性因莫夺。""葵"指的是

杜甫草堂牌匾

向日葵，也叫葵花；"藿"是一种豆类植物。他说我的本性就像葵花和豆藿这样的植物一样，花和叶子总是倾向太阳的，我也一样爱我的国家和朝廷。"倾"，是倾向的意思，是真的向那边斜过去了，有一种无形的力量在里面。"物性"，是说物的本性，就像葵花，无论你如何使它转变方向，它最终还会朝着太阳的方向。我这样忠爱，就是因为我与生俱来的感情，我的性情没有办法改变，也没有人能够用任何外力使我改变。"夺"，是用强力取得，在中国古代，"夺"字特别指改变人内心的意志。像《论语》中所说的："三军可夺帅也，匹夫不可夺志。"是不是所有的人都像杜甫那样做的呢？

　　顾惟蝼蚁辈，但自求其穴；胡为慕大鲸，辄拟偃溟渤？以兹误生理，独耻事干谒。兀兀遂至今，忍为尘埃没？终愧巢与由，未能易其节。沉饮聊自遣，放歌破愁绝。

　　他说，你看一看那些像蝼蛄蚂蚁的那些人，给自己找一个安身立命的地方，追求名利和富贵，这正是没有理想人所追求的生活。为什么我总是羡慕大鲸鱼，要像它们一样不管惊涛骇浪都要横渡沧海？因为没有办法，我只能这样做。如果从求生的角度和道理上来讲，也许我是错的。

　　"干"，指求，应该指追求利禄。《论语》

杜甫草堂内杜甫像

杜甫草堂内景

中"子张学干禄"。就是指子张（孔子的学生）学习如何干求禄位。"谒"是指拜见达官贵人，可是我没有办法改变自己的性格，去向达官贵人屈辱求荣，我认为这样做是可耻的。"兀兀"本指高山平顶之貌，引申为兀然不动的精神。高山兀立在那里不会移动和改变，我也是如此，所以至今无所作为。可是我怎么甘心像尘埃一样，就这样默默无闻地无影无踪了呢？如果让我与许由和巢父相比，我天生就不像他们，对于天下之事可以视而不见，所以我很惭愧，我没有也不能够这样改变自己的节操和理想。我没有办法的时候，就只好以酒消愁，在饮酒中麻醉自己，以此来排遣我的忧愁。同时我还可以引吭高歌，来排解我的忧愁和痛苦。以上是这首诗的第一部分。

接下来的一大段主要叙述他在旅途中的所见所闻所思了。

岁暮百草零，疾风高冈裂。天衢阴峥嵘，客子中夜发。霜严衣带断，指直不得结。凌晨过骊山，御榻在嵽嵲。蚩尤塞寒空，蹴踏崖谷滑。瑶池气郁律，羽林相摩戛。君臣留欢娱，乐动殷胶葛。赐浴皆长缨，与宴非短褐。彤庭所分帛，本自寒女出。鞭挞其夫家，聚敛贡城阙。圣人筐篚恩，实欲邦国活。臣如忽至理，君岂弃此物？多士盈朝廷，仁者宜战慄！况闻内金盘，尽在卫霍室。中堂舞神仙，烟雾蒙玉质。暖客貂鼠裘，悲管逐清瑟。劝客驼蹄羹，霜橙压香橘。朱门酒肉臭，路有冻死骨。荣枯咫尺异，惆怅难再述！

年终岁尾了，一年即将结束，各种草木都已经凋残零落。寒风怒吼，几乎把高高的山冈吹裂一般。"衢"本指四通八达的大道，"天衢"应该有两种说法，一种是指首都长安的街路，因为皇帝天子住在这里，这里的道路就叫天衢；另外，天衢

杜甫草堂一景

困守长安时期

049

骊山风光

还可以代表宽广的天空，无边无际，犹如一条没有尽头的大道。"峥嵘"的本意指的是山势的高大险峻，在这里表现的是层层的阴云。杜甫的意思是说在一个岁暮天寒的夜晚，我这个客游长安的游子准备出发了。半夜里朔风怒吼，极度寒冷，由于他穿的衣服太破旧了，以至于衣带都冻折了。他冻得浑身发抖，手指冻得连给衣服打结都做不到了。第二天终于在破晓时分经过了骊山，我们的皇帝正住在骊山那一片高山里面，"嵽"一般指的是高山，但在这里隐约代表了皇帝在那里不是一件好事。"蚩尤"是传说中上古时代的一个人，相传当年他叛乱时，黄帝与他作战。蚩尤能够造一种毒雾，黄帝为了抵制这种毒雾，就发明了指南车。当杜甫经过骊山脚下的时候，满山弥漫着雾气，在这里一方面山中真的有雾气，另一方面，杜甫是在暗指天下已经是在叛乱的威胁之中了。"蹴踏"就是爬山，因为天冷路滑，所以只能小心翼翼的慢慢地走。这两句一方面是写实，另一方面杜甫也是暗指自己人生道路的艰难险阻。"瑶池"本来指的是西王母住的地方，它在中国西北方的昆仑山，西王母是这里的一位神仙。在这首诗里，瑶池指的是华清宫

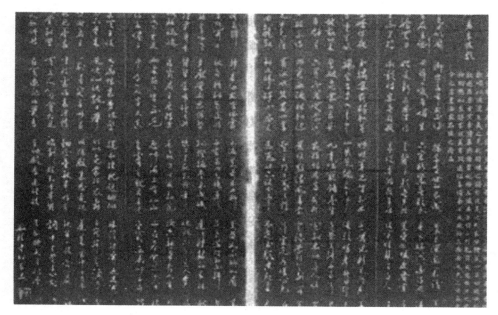

白居易《长恨歌》

的温泉。这里，杜甫是暗指唐玄宗和杨贵妃在这里就像神仙一样享受着蒸气浴。"羽林"是侍卫的军队，"相摩戛"指护卫他们的军队人很多，一个挨着一个当他们在山上巡逻时，身上的武器还会发出碰撞的声音。因为此时的社会动荡不安，贫富悬殊，那些快要饿死的百姓都想起来造反，所以皇帝出行，一定要戒备森严，以防不测。其实，在这个时候，安禄山的部队已经在渔阳起兵了，白居易《长恨歌》说："渔阳鼙鼓动地来"，就是说的此事。而唐玄宗和杨贵妃，不顾国家的安危，依然在这里享受快乐，在山下都可以听他们演奏的音乐声非常响亮而且连绵不断。"乐动"指音乐的声音起来了，这个"殷"读上声，指很响的声音。"胶葛"指连绵不断、各种声响浑杂在一起。杜甫又说，我可以想象得出，能够来到这里与皇帝贵妃同享乐的都是带着长缨高帽的一些达官贵人，没有一个穿粗布短袄的平民百姓。"缨"指帽带，古代做官的人所戴的帽子上面有带子的装饰，"褐"，指粗布。朝廷赐给那些高官的财物都是那些贫苦的女子一丝一缕地织出来的。"彤"是朱红色，"庭"是台阶前面的一片庭院。皇帝居住的地方一般都涂有红色，所以"丹陛"或者"彤庭"都是指朝廷。"帛"是一种由蚕丝织成的丝绸，也叫丝帛。这些达官贵人

祠堂碑刻

去收取，而且鞭打这些人家的男子，直至把搜刮完的丝帛交出来。然后他们把这些丝帛进献给皇帝，供他们挥霍享乐。"鞭挞"的是指用鞭子来抽，织帛的是"寒女"，受"鞭挞"是则是她的"夫家"。"城阙"指宫廷。在这里杜甫只是批评了朝廷的政治，说他们欺压剥削人民，受时代的限制，杜甫对于君主却是一直爱着的，因为他经历过玄宗当年的开元盛世，也亲见玄宗，所以忠君思想还是比较严重的。于是他说"圣人筐篚恩，实欲邦国活。""圣人"指的是皇帝，"筐篚"指的是竹篓子，方形的叫筐，圆形的叫"篚"。杜甫这句话的意思是说，从老百姓那里搜刮来钱财之后，就一筐筐一篓篓地赏赐给他的达官贵人，因为皇帝希望得到这他赏赐的人能够做好自己的本职工作，把国家治理好。"臣如忽至理，君岂弃此物？"这两句，杜甫把他的批判的矛头指向了那些达官贵人，"忽"指忽略。说他们做大臣的如果接受了皇帝的赏赐就应该好好做事，难道皇帝就白白地把这些财物送给你们吗？"多士盈朝廷，仁者宜战慄！"朝廷中站满了所谓有识之士，有没有真正关心国家安危的，

杜甫草堂杜甫像

困守长安时期

如果有的话，他在接受皇帝的恩赐时就应该惭愧得战栗发抖。"况闻内金盘，尽在卫霍室。""内金盘"，"内"指皇宫大门，指宫内非常珍贵的器物。他说皇宫里面那些珍贵的宝物和器物都到哪里去了呢，都在姓卫和姓霍的家里了。这句话用的是汉朝的典故。汉武帝有一个宠爱的妃子叫卫子夫，她的弟弟因她而做了汉朝的大将，她还有一个外甥叫霍去病也做了一个很高的官。卫霍两家为什么能够掌握国家重要的军政大权，靠的就是卫子夫，"卫霍室"指的就是外戚。在这里，杜甫暗指珍宝都到了像杨玉环家这样的皇亲国戚里边去了。接下去杜甫就想像玄宗皇帝

杨贵妃像

诗圣杜甫与现实主义诗歌

和杨贵妃在骊山的所作所为：

"中堂舞神仙，烟雾蒙玉质。"在骊山的华清宫的中堂里像神仙一样的女子在跳舞，"烟雾"有两种可能，一是指香烟的缭绕，指指那些舞女在云烟缭绕下翩翩起舞，如梦如幻。二也可能指的是华清宫温泉的水所浮起的水雾。"玉质"指的是在烟雾缭绕下的若隐若现的美丽女子。与白居易《长恨歌》中的"春寒赐浴华清池，温泉水滑洗凝脂。"的意思相仿，指的杨贵妃在华清池的温泉中洗浴，那温泉的水非常滑润，清洗着杨贵妃如"凝脂"般的皮肤。但杜甫说起来比较严肃和庄重，尽管略带讽刺，但不至于轻薄。这一点与白居易和李商隐的口吻有很大的区别。

"暖客貂鼠裘，悲管逐清瑟。"在这么冷的冬天，那些达官贵人为了防寒都穿上貂皮鼠皮做的皮裘，管乐器与弦乐器相互配合着，听着动人的音乐。"悲"有时候不仅仅指的是悲哀，有时还有使人感动的意思。"管"是说管乐，如箫笛之类。"逐"是配合，"瑟"是一种弦乐器。不但可以沐浴、听音乐，而且还有美味佳肴。"劝客驼蹄羹，霜橙压香橘。"客人们吃

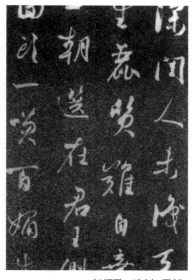

《长恨歌》碑刻（局部）

的是骆驼掌做成的羹汤，同时还有水果，既有秋天霜后的甜橙子，还有芬芳的橘子。

以上主要写朝廷中君臣共享奢华生活的场景，写出了他对这个时代的悲哀与愤慨。接下来，作者把笔触还是转向了奉先县的平民百姓：

"朱门酒肉臭，路有冻死骨。"这两句杜甫用最真实的笔法描述此时百姓的境遇，可谓是惊心动魄。这两句正好与前面描述的达官贵人奢华的生活形成了鲜明的对照。你们这些达官贵族，吃穿无忧，享用不尽，以至于酒肉都腐臭了，可是我现在走的这条路上，到处都是饥饿而死的老百姓。"荣枯咫尺异，惆怅难再述！"一方面是享用不尽的荣华富贵，一方面是流离失所的百姓，尽管相隔不到一个山头、一堵宫墙，可境遇差别是如此之大，令人触目惊心。我心里满怀着无限有惆怅，我对我的国家真是有说不完的悲观与失望，面对此情此景，我再也不忍心写下去了。

以上内容是这首诗的第二部分，在这首诗里，我们可以感受得到安史之乱对诗人创作的影响是非常大的。安史之乱之前，作者没有这样直观的激烈的句子如"穷年忧黎元，

安史之乱时杜甫的触动非常之大

诗圣杜甫与现实主义诗歌

叹息肠内热"、"朱门酒肉臭,路有冻死骨。"
时势造英雄，正因为作者经历了这样的时
代，所以在他的作品里，才表现了他忧国
忧民的情感。而且在创作过程中，作者已
经开始有意识的利用外在的形象来象征国
家的衰败，具有象征的意义。在这首诗章
法安排特别微妙，但有合理合法，我们似
乎在跟着他一路走来，听他跟我们讲发生
在眼前的故事。

第三段：

"北辕就泾渭，官渡又改辙。""辕"是
车前的横木，用来指示方向，杜甫说他的
车向北方走去，走近了泾水和渭水，"泾"

安史之乱图

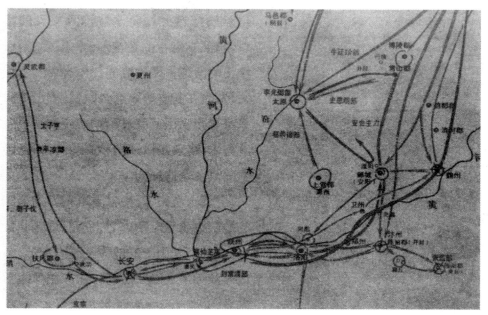

困守长安时期

杜甫草堂史料馆

和"渭"是长安附近的河流，长安附近有所
谓"八川"即八条河流，这是其中的两条。
这时候杜甫渡过泾水和渭水交叉的路口。
"辙"本来说的是车辙，车走过去留在路上
的两条车轮的痕迹。作者要到奉先去，奉先
在长安的东北，他从长安出来向东经过了骊
山，渡过渡口后应该是再向北方走，当他经
过泾渭相交的渡口时，眼前的景象是这样的：

"群水从西下，极目高崒兀。"这里因
为是两条水交汇的地方，而且由于中国的地
势是西高东低，所以河流大半是向东流的。
作者眼前的景象是河水滔滔地从西北方流下
来，那流过来的水那么高，极目望去，天连水，水连天，水好像从天边流下来似的。"崒兀"是形容山势很高。

"疑是崆峒来，恐触天柱折。""崆峒"是西方高山的名字，作者用夸张的笔法描述了眼前的景象：他说我怀疑这汹涌的河水好像是从崆峒山流下来的，它为什么这样没有遮拦地流下来，恐怕把天柱都要冲倒了。按照中国的古代传说，天有"天柱"，地有"地维"。地之所以能够不陷下去，是因为有四根大柱子维系；天之所以不塌下来，是因为有"天柱"支撑。传说共工和颛顼两个人争做帝王，共工愤怒了，"怒触不周山"，结果把不周山撞倒，支撑天的柱子也倒了。也有人说共工把天撞塌了一个洞，于是女娲才炼石补天，后来剩下一块石头，幻化成了贾宝玉，这当然都是故事了。

诗人在这里用夸张的笔法和神话的传说来表现一种暗示和象征，这波涛汹涌的水如朝廷的内忧外患一样，内有李林甫、杨国忠的贪赃枉法，外有安禄山的起兵叛乱，国家已经到了极其危急的时刻。他之所以这样写，是因为此时长安还没有被攻陷，国家还没有倾覆，可他有这样的忧虑

杜甫草堂诗史堂

安史之乱图

和担心。事实上杜甫的这种担心是有根据的。水势虽然凶猛，他还是要渡过去。"河梁幸未坼，枝撑声窸窣"。他说幸而这座桥还没有被大水冲断，但桥底下那些柱子勉强支撑着，不时发出危险的声音。"坼"断裂的意思。作者一方面说的是现实中的桥本身就很危险，但同时也暗喻出时代的动荡不安，国家的摇摇欲坠落。

"行旅相攀援，川广不可越。"凡是在桥上走过的旅行之人，彼此都要互相牵携。而且桥底下的河流简直太宽了，不可逾越。这里作者一方面写旅途的艰辛，另一方面又象征时代的危险。

"老妻寄异县，十口隔风雪。谁能久不顾？庶往共饥渴。"此时杜甫的妻儿寄居在外县奉先。一家十口竟然在风雪般的政治环境中被隔绝。在这种饥寒交迫、生死未卜的时候，为人夫为人父的我怎能长久不顾念自己的妻儿老小，虽然我不能够衣锦还乡，但我还是要回去，跟他们同甘共苦。"庶几"是说没有办法之中唯一的办法，没有希望中唯一的希望。这就是杜甫，他对于国家，对于家人都有一份真挚的情感。

"入门闻号咷，幼子饿已卒！"可我一

进家门，听到的不是欢声笑语，而是举家哀号的声音，因为我最小的儿子就在这种饥寒交迫中死去了。不仅仅如此，"吾宁舍一哀，里巷亦呜咽。"有两种含义，一方面是他家里的不幸，使得邻里都为之哭泣和同情；另一方面的意思是我可放下我自己的悲哀，可放不下的是这么多家人的不幸。"所愧为人父，无食致夭折。"我真的很愧疚，作为父亲，竟然没有饭给他吃，使他这么小就饥寒而死了。"岂知秋禾登，贫窭有仓卒。"我哪里想到，正是收获后不久的日子却发生了这次意外的变故；正是应该有粮食吃的时候竟然没有粮食吃。在这里，作者特别感到气愤的是，秋天刚刚收获完粮食，百姓还是没有吃喝，

杜甫草堂内木刻

困守长安时期

061

而且还发生了饿死人的事情，这真是匪夷所思。按照常理，自己家里发生了不幸，只能自顾自的悲哀和伤心，不可能再顾念他人的死活了，可是杜甫却说"生常免租税，名不隶征伐。"我已经够幸运的了，因为我毕竟还算是一个小官，吃国家的俸禄，因为我不必像那些民间的百姓那样交租纳税。而且我也不用去当兵，因为我的名字没有列在征伐兵士的名册。"隶"隶属于，"征伐"指兵籍，兵士的名册。像我这样的人，依然"抚迹犹酸辛，平人固骚屑。""抚"抚摸、触摸的意思，"抚迹"是说亲身经历的事情。不幸的事情就发生在我身上，以我这样既免

李煜《相见欢无
言独上西楼》

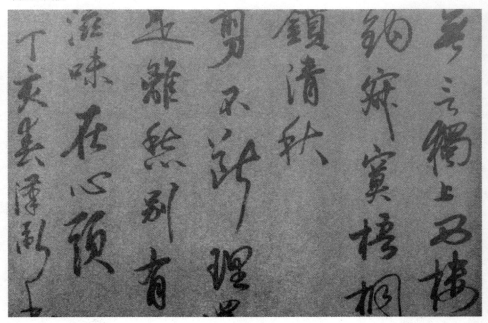

诗圣杜甫与现实主义诗歌

税又免征伐的人，尚且如此悲苦和酸辛，何况那些平民百姓了。"平人"就是平民，因为唐太宗名叫李世民，唐人避圣讳都不能直接写"民"。平民百姓不能免税也不能免征伐，他们的忧愁不知道要比我多多少了。"骚"是忧愁的意思，"屑"本义是琐屑、众多，这里是指好多事情。

杜甫草堂园内景色

于是杜甫"默思失业徒，因念远戍卒。"他沉默了，想到那些没有生计维持生活的人，无家可归，更想到了那些到远方当兵的人，想到他们他内心的忧愁又加深了。他从自己的不幸想到了比他更不幸的千千万万个平民百姓。所以"忧端齐终南，洞不可掇。"我一想到其他人的不幸，我忧虑的思绪就像终南山一样的高峻，像终南山的云雾一样的茫茫无边，这些忧愁使我整理不出头绪来。终南山是长安城外一座很有名的山，而且经常是云雾缭绕。"洞"指无边无际的样子。"掇"指拾掇、整理。就想李后主的词所写"剪不断，理还乱，是离愁"。(《相见欢无言独上西楼》)

这首长诗有很强的思想性，杜甫关怀国事和同情人民的思想感情是弥足珍贵的。尽管一定程度上揭露了封建统治集团

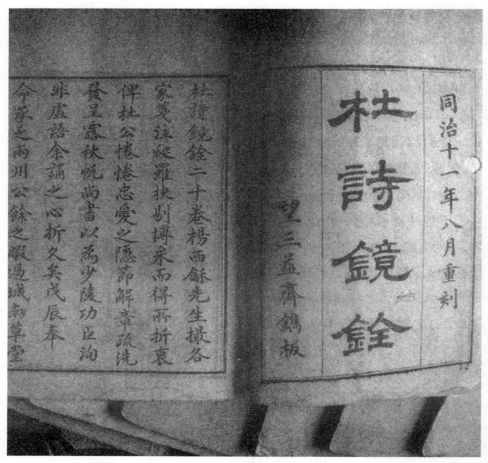

《杜诗镜绘》

的胡作非为，但他的出发点是忠于皇帝，忠于朝廷的。这首长诗的艺术性也极高。作者构思奇妙，写景、叙事、抒情有机结合，同时又穿插了许多抒情和议论。杜甫在《进（周鸟）赋表中》说自己的诗是"沉郁顿挫"，这首诗就是一个例证。杨伦《杜诗镜铨》"但见精神，不见语言"的评价，是很中肯的。

四　陷贼为官时期

白居易画像

从 45 岁到 48 岁，是杜甫生活的第三个时期。是安史之乱最剧烈的时期。天宝十五载的夏天，安禄山攻陷了洛阳之后又攻陷了长安。玄宗在长安沦陷前去"幸蜀"，到四川避难去了。玄宗在天不亮的时候，带上杨贵妃等亲近的人，不声不响地悄悄逃走了。在白居易《长恨歌》中有这样的叙述："西出东门百余里"到了马嵬坡时"六军不发"，当时随他逃跑的带兵的将军叫陈玄礼，当时军队哗变，要求杀死杨玉环和杨国忠，玄宗没有办法，只得赐杨贵妃死。就像李商隐《马嵬二首》所说"如何四际为天子，不及卢家有莫愁。"玄宗用杨贵妃的生命换来了暂时的安宁，他反民太子李亨留下，太子在遥远的西北——甘肃的灵武即位，临时做起了皇帝，这就是后来的肃宗。此时杜甫听说肃宗即位后，把家人从奉先迁到了乡村鄜州安顿下来。在国家危难之时，杜甫一心要为国家赴难，于是只身去赴行在了。"行在"就是皇帝在旅途上临时住的地方。那时天下的许多中都在动乱中逃难，他们不愿沦陷在敌人的铁蹄之下，杜甫也在其中。不幸的是杜甫在逃亡的途中，"为贼所得"，被叛军抓了回来，被带回长安。这一年是天宝十五载，也就是至德

唐肃宗李亨驻驿地碑

陷贼为官时期

067

元载——肃宗继位后就改元叫"至德"（凡是开元都论年，天宝论载，至德也论载）。

在沦陷的长安，他亲眼看到了胡人的烧杀抢掠，他与人民一道共同感受着国破家亡的痛苦。为了尽快地投身于恢复事业的工作中，他只身逃出长安，投奔皇帝临时所在地凤翔。皇帝被杜甫的忠心所感动，任命他为左拾遗，这是一个从八品、却又可接近皇帝的谏官。就在他做官的头一个月，宰相房官司被罢相，他"见时危急"，上疏营救，触怒了肃宗，幸亏新任的宰相营救了他，被免了罪。不久，杜甫由凤翔回鄜州省亲，在羌村、在新安道上，他看到了各种各样的惨不忍睹

羌村

杜甫像

的景象。由于平定安史之乱是有关国家存亡的大事，因此积极响应和号召人民积极参战。他自己也积极投入到实际斗争中。这一时期杜甫写出了《悲陈陶》《哀江头》《春望》《羌村三首》《北征》《洗兵马》和"三吏""三别"等到一系列具有高度的爱国精神的诗篇，也使杜甫的现实主义的创作达到了高峰。

《悲陈陶》，陈陶是一个地名，当长安被安禄山等叛军占领后，唐朝有军队与叛军在陈陶有过一次激烈的交锋。可惜的是唐朝有军队四万年轻的战士都牺牲了，杜甫在长安听到了这个不幸的消息后，以

杜甫草堂遗址

沉痛的心情写了这首《悲陈陶》：

> 孟冬十郡良家子，血作陈陶泽中水。野旷天清无战声，四万义军同日死。群胡归来血洗箭，仍唱夷歌饮都市。都人回面向北啼，日夜更望官军至。

这首诗写得极其有力量，孟冬时在附近十余郡征召来的将士四万多青年人，一天之内就被叛军全部杀死，他们的血填满了陈陶的大泽，与大泽的水融合一起流下去。战役结束了，天空放晴了，旷野中死寂一片。四万义军一天内全都牺牲了，这些叛军反倒胜利归来，他们的弓箭上还带着这四万将士的鲜血。他们唱着胡人的歌去庆功饮酒。长

安城的百姓转过头来面北啼哭，因为朝廷
的官兵在北方，百姓们盼望着他们能够从
北方过来为他们报仇雪恨。

《哀江头》

少陵野老吞声哭，春日潜行曲江曲。
江头宫殿锁千门，细柳新蒲为谁绿？
忆昔霓旌下南苑，苑中万物生颜色。
昭阳殿里第一人，同辇随君侍君侧。
辇前才人带弓箭，白马嚼啮黄金勒。
翻身向天仰射云，一笑正坠双飞翼。
明眸皓齿今何在？血污游魂归不得。
清渭东流剑阁深，去住彼此无消息。
人生有情泪沾臆，江草江花岂终极！
黄昏胡骑尘满城，欲往城南望城北。

杜甫草堂一景

陷贼为官时期

这首诗写于沦陷区内，写的主要是国破家亡的悲慨。作者选择了唐玄宗和杨贵妃的故事。写唐玄宗、杨贵妃曾游幸的曲江已经是一片荒凉的景象，接着写杨贵妃的生前和死后，通过今昔对照，表现了诗人的哀伤和烦乱，以及作者对国家的前途、皇帝的命运的担忧。

《春望》

国破山河在，城春草木深。

感时花溅泪，恨别鸟惊心。

烽火连三月，家书抵万金。

白头搔更短，浑欲不胜簪。

这是杜甫五律诗中的上乘之作，这首诗

《春望》

杜甫草堂一景

杜甫草堂内景

写于唐肃宗至德二载（公元 757 年）。当时
杜甫被困在长安，全诗通过眺望沦陷后的京
城残败的景象，抒发了感时恨别，忧国思家
的感情。诗中既有春望之景，又有春望之情。
"感时花溅泪，恨别鸟惊心"则人们历来传
诵的名联，上句是说自己有感于时局的动荡、
国破家亡而伤心落泪。泪水溅于花瓣之上；
下句是说自己和家隔绝，所以闻鸟鸣而心中
惊慌不安。简短的两句诗，写尽了诗人忧国
思家的复杂感情。

在沦陷后听长安写过一首怀念家人的五
言律诗：

《月夜》通过描写妻儿，表现了
诗人对家人的思念之情

诗圣杜甫与现实主义诗歌

《月夜》

今夜鄜州月，闺中只独看。

遥怜小儿女，未解忆长安。

香雾云鬟湿，清辉玉臂寒。

何时倚虚幌，双照泪痕干。

这首诗通过描写妻儿，表现了诗人对家人的思念之情。情感真挚动人。

《羌村三首》

峥嵘赤云西，　日脚下平地。柴门鸟雀噪，归客千里至。妻孥怪我在，　惊定还拭泪。世乱遭飘荡，　生还偶然遂。邻人满墙头，　感叹亦歔欷。夜阑更秉烛，　相对如梦寐。

晚岁迫偷生，还家少欢趣。娇儿不离膝，

杜甫故居羌村

羌村杜工祠

畏我复却去。忆昔好追凉，故绕池边树。萧萧
北风劲，抚事煎百虑。赖知禾黍收，已觉糟
床注。如今足斟酌，且用慰迟暮。

　　群鸡正乱叫，客至鸡斗争。驱鸡上树木，
始闻叩柴荆。父老四五人，问我久远行。手中
各有携，倾榼浊复清。苦辞"酒味薄，黍地无
人耕。兵戈既未息，儿童尽东征"。请为父老歌，
艰难愧深情。歌罢仰天叹，四座泪纵横。

　　"羌村"是鄜州的一个地名，这是他妻儿
临时居住的地方。这是一组还家三部曲，
但每一首均可以独立成篇。特别是第一首
"群鸡正乱叫"，作者以朴实的语言为我

们展现了小乡村的朴实的生活。在战争年代，乡村的鸡鸣狗吠，让人感到是如此的亲切和祥和。作者与妻儿见面时悲喜交集的情景感动了乡亲，乡亲们拿着薄酒来看望他，由此也可以看到杜甫及家人与当地百姓的深情厚谊。在这组诗里，作者通过乡亲的叙述，表现了对战争的不满，作为一个左拾遗，理应为百姓分忧解难，可是在这样艰难困苦的环境里，作者自身难保，所以当他接受百姓辛苦得来的东西时，深觉惭愧。他和百姓一样，为当时的战乱与苦难一同流泪。作者用行动实现了他与百姓同呼吸、共命运。当然对于"致君尧舜上，再使风俗淳"的杜甫来说，回家探亲不是他最终的目的，他希望以自己的能力为摇摇欲坠的国家出点力，为重建家园出谋划策，但事实上，他忧国忧民的理想朝廷中有谁能解呢？

《北征》

北归至凤翔，墨制放往鄜州作

皇帝二载秋，闰八月初吉。杜子将北征，苍茫问家室。维时遭艰虞，朝野无暇日。顾惭恩私被，诏许归蓬荜。拜辞诣阙下，怵惕久未出。虽乏谏诤姿，恐君有遗失。君诚中兴主，经纬固密勿。东胡反未已，臣甫愤所切。挥涕恋行在，道途犹恍惚。乾坤含疮痍，忧虞何时毕？

杜甫草堂内景

诗圣杜甫与现实主义诗歌

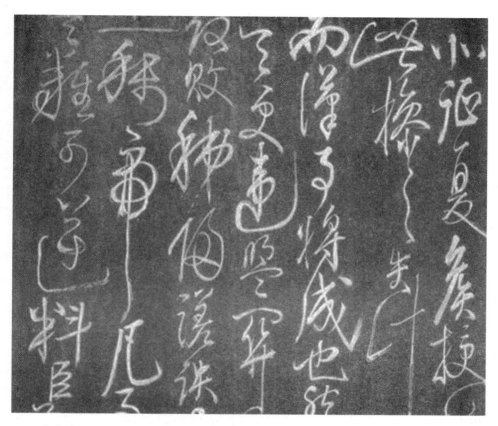

《北征》

　　靡靡逾阡陌，人烟眇萧瑟。所遇多被伤，
呻吟更流血。回首凤翔县，旌旗晚明灭。前登
寒山重，屡得饮马窟。邠郊入地底，泾水中荡
潏。猛虎立我前，苍崖吼时裂。菊垂今秋花，
石戴古车辙。青云动高兴，幽事亦可悦。山果
多琐细，罗生杂橡栗。或红如丹砂，或黑如点漆。
雨露之所濡，甘苦齐结实。缅思桃源内，益叹
身世拙。坡陀望鄜畤，岩谷互出没。我行已水
滨，我仆犹木末。鸱鸟鸣黄桑，野鼠拱乱穴。

　　况我堕胡尘，及归尽华发。经年至茅屋，
妻子衣百结。恸哭松声回，悲泉共幽咽。平生

所娇儿，颜色白胜雪。见耶背面啼，垢腻脚不袜。床前两小女，补绽才过膝。海图坼波涛，旧绣移曲折。天吴及紫凤，颠倒在短褐。老夫情怀恶，呕泄卧数日。那无囊中帛，救汝寒凛慄。粉黛亦解苞，衾裯稍罗列。瘦妻面复光，痴女头自栉。学母无不为，晓妆随手抹。移时施朱铅，狼藉画眉阔。生还对童稚，似欲忘饥渴。问事竞挽须，谁能即嗔喝？翻思在贼愁，甘受杂乱聒。新归且慰意，生理焉得说？

至尊尚蒙尘，几日休练卒？仰观天色改，坐觉妖氛豁。阴风西北来，惨澹随回纥。其王愿助顺，其俗善驰突。送兵五千人，驱马一万匹。此辈少为贵，四方服勇决。所用皆鹰腾，破敌过箭疾。

杜甫草堂外景

诗圣杜甫与现实主义诗歌

杜甫草堂主卧室

圣心颇虚伫，时议气欲夺。伊洛指掌收，西京
不足拔。官军请深入，蓄锐伺可俱发。此举开青、
徐，旋瞻略恒、碣。昊天积霜露，正气有肃杀。
祸转亡胡岁，势成擒胡月。胡命其能久？皇嗣
纲未宜绝。

忆昨狼狈初，事与古先别：奸臣竟菹醢，
同恶随荡析。不闻夏、殷衰，中自诛褒、妲。
周汉获再兴，宣、光果明哲。桓桓陈将军，仗
钺奋忠烈。微尔人尽非，于今国犹活。凄凉大
同殿，寂寞白兽闼。都人望翠华，佳气向金阙。
园陵固有神，洒扫数不缺。煌煌太宗业，树立

杜甫草堂内景

甚宏达！

毛主席曾在给陈毅的信中说："诗要用形象思维，不能如散文那样直说，所以比、兴两法是不能不用的。赋也可以用，如杜甫之《北征》，可谓'敷陈其事而直言之也'，然其中亦有比、兴。"由此可见，杜甫的这首长诗叙事诗其艺术特点是非常显著的。

天宝十五载（公元756年）七月，太子李亨自行即位为肃宗，尊唐玄宗为太上皇，他草创朝廷，举起了平叛的大旗，经过一年的鏖战，到杜甫写这首《北征》时，形势已经有所好转。在这首诗写成之后的一个月，长安收复，肃宗回到京城。《北征》这首诗写于唐肃宗至德二载（公元757年）闰八月，这是发生安史之乱的第三个年头。在这动乱的年头里，杜甫历尽艰辛，然而为了平叛，他安顿好妻儿，只身投奔肃宗"麻鞋见天子"。肃宗封他为左拾遗，后来，杜甫回鄜州羌村省亲，因为鄜州在凤翔东北，因此诗的题目叫《北征》。

这是一首五言古诗，全诗一百四十句。他想向皇帝汇报自己在省亲路上的所闻所见。诗中叙述了他还家时的前后经过，沿途所见的景物，和家人相聚的情况，更时时追

杜甫草堂

念国难，主张收复失地，叙述、议论与描写三者有机结合。全篇充满了作者忧国忧民的情怀和中兴国家的强烈愿望，真实的反映了当时的社会现实。这是一首政治性很强的叙事诗。杨伦说它和《奉先咏怀》是"集内大文章，见老杜平生大本领，所谓巨刃摩天，乾坤雷硠者，惟此种足以当之。"又说"五古前人多以质厚清远胜，少陵出而沉郁顿挫，每多大篇，遂为诗道中另辟一门径，无一语蹈袭汉魏，正深得其神理。"

全诗共分五段，第一段主要写承蒙皇上准其回家省亲，但辞别朝廷时他仍然关怀时事的情感。"虽乏谏净姿，恐君有遗失。君诚中兴主，经纬固密勿。东胡反未已，臣甫愤所切。挥涕恋行在，道途犹恍惚。乾坤含疮痍，忧虞何时毕？"他说自己尽管缺乏谏官司的才能，但还是唯恐皇帝有什么疏忽和遗漏。肃宗您承担着中兴的大任，治理国家确实还需要谨慎缜密。现在安禄山的叛乱尚未平息，臣下杜甫为此满怀悲愤，关心国家的安危。我含着眼泪依依不舍的离开了皇帝，离开了朝廷，归途中恍惚不安。现在我们的国家伤痕累累，

杜甫草堂浣花祠

陷贼为官时期

杜甫草堂

满目创作，对国家前途命运的担忧，使我忧心不止。

第二段作者主要写他归途中所闻所见以及内心的感慨。诗人主要描述了田野、山色、战场。在这里诗人为我们展示了一幅满目疮痍的历史画卷，抒发了诗人无限的忧虑和期盼。

"靡靡逾阡陌，人烟眇萧瑟。所遇多被伤，呻吟更流血。回首凤翔县，旌旗晚明灭。"诗人步履艰难地穿过田野小道，这里人烟稀少，一片萧瑟凄凉，偶尔遇上人，也大多是身负重伤，有的甚至流着血，呻吟不止。诗人回过头看一看凤翔，只见那城头上的旌旗

杜甫草堂

在夕阳残照中忽明忽暗地飘动着。诗人回望的是朝廷和肃宗，此时的杜甫多么希望自己能够帮助朝廷早日平叛，使我们的人民早日回到开元盛世的年代。

接着作者在百感交集中忽而变得豁达起来，这中间插入了一段山间秋色的描写：

"菊垂今秋花，石戴古车辙。青云动高兴，幽事亦可悦。山果多琐细，罗生杂橡栗。或红如丹砂，或黑如点漆。雨露之所濡，甘苦齐结实。缅思桃源内，益叹身世拙。"

诗人说，这山间的菊花是今年秋天开的，但这山石上留下的车轮印迹，年代已经很久远了。诗人望着蓝天白云，想一想山间隐逸的生活，确实令人向往和喜悦。山里的野果尽管很小，但数量却非常多，众果杂生，有可吃的橡栗，有的像朱砂那样鲜红，有的像点生漆一样的漆黑。老天爷喜降雨水，在雨水的滋润下，它们都硕果累累。想一想从前有人在桃花源里避乱隐居，感叹自己的身世和选择，越发感觉自己的愚拙了。这里，诗人表面在欣赏眼前的山色，其实内心中两种处世态度、两种生活道路在展开激烈的斗争。言语之中对朝廷颇有微词。杜甫之所以没有

大雅堂前荷花池中杜甫像

诗圣杜甫与现实主义诗歌

杜公祠杜甫塑像

选择逃避，这与他的家庭和生活经历有直接的关系。他放弃归隐的闲适的无忧无虑的生活，选择了自甘其苦的道路，可朝廷和皇帝却不给他实现理想和抱负的机会，所以，他感慨成千。杜甫对皇帝还是很愚忠的，他对肃宗仍然抱有希望，在这段的结尾，他是这样写夜过战场的：

夜深经战场，寒月照白骨。潼关百万师，住者散何卒？遂令半秦民，残害为异物。

当他在夜里走过战乱的战场，月光照

杜甫陵园

耀下的白骨纵横一片，寒气逼人。此时，他想起了安禄山攻打潼关时的惨烈景象。朝廷的百万雄师，被叛军一举击败。他们直捣长安，使得关中的百姓流离失所，国破家亡。在这里杜甫委婉的劝告朝廷和皇帝，这惨痛的教训不能忘记。在这里，作者的忧国忧民的情怀展露无遗。

第三段主要是写归家后与妻儿团聚的情景。这里，诗人着重描写了他两个天真可爱的娇女憨态，表现了诗人乱离中与家人团聚的喜与战乱时代家境的贫困交织在一起的复杂情感。

床前两小女，补缀才过膝。海图坼波涛，旧

绣移曲折。天吴及紫凤，颠倒在短褐。

回家之后，作者把目光集中在自己的两个小女儿身上，她们穿着缝缝补补用旧绣拼凑起来的没过膝盖的衣服，衣服的海景波涛的图案被歪歪斜斜地东拼西凑。水神天吴和紫色的凤凰，头尾已经颠倒地缝在衣服上。这幅模样，使他做父亲的他备感辛酸。杜甫回来了给妻儿带回一点粗布，还有一些胭脂之类的化妆品，勉强可以使妻儿能够打扮一下，这两个小女儿是如何梳妆打扮的呢？

"学母无不为，晓妆随手抹。移时施

杜甫像

杜甫草堂一景

朱铅，狼藉画眉阔。"她们自己不懂化妆的技巧，但小孩子模仿的能力还是很强的。她们学着母亲化起妆来。随手乱抹，弄得满脸都是胭脂铅粉，而且学母亲画眉毛，把自己的眉毛画得很宽。这样的场景，使得杜甫啼笑皆非，但"新归且慰意，生理焉得说！"看到一家人其乐融融的样子，杜甫暂且不去计较贫困了。在这里，杜甫为我们树立了一个爱怜妻儿的形象。写到这里，北征之行似乎已经结束了，但是，作为一个忧国忧民的诗人，他的理想是"致君尧舜上，再使风俗淳"，他想的不只是他一家人的安宁和祥和，想到的是整个社会的百姓都能过上幸福的生

杜甫草堂内陈设

活。特别是他要把对国事的忧虑，对形势的理解统统告诉肃宗，希望能对朝廷有所帮助。

第四段，诗人主要写了当前形势的好转，希望以官军为主收复故土，对借兵回纥表示了担忧。"阴风西北来，惨澹随回纥。其王愿助顺，其俗善驰突。送兵五千人，驱马一万匹。此辈少为贵，四方服勇决。所用皆鹰腾，破敌过箭疾。圣心颇虚伫，时议气欲夺。"这一段是说这年的九月，西北回纥部族首领怀仁可汗，派遣其子叶护及将军帝德等率领精兵四千人来到凤翔，帮助唐王朝平定叛军。对此肃宗很赞同，并给予很大的希望。但朝廷中有不同的意见，但都不敢明说。杜甫在这里一方面肯定回纥的帮助是好的，但他同时也写出了自己的担忧，希望肃宗不能完全依仗回纥，要靠自己的力量平定叛乱。

第五段写叛乱发生后朝廷还是清除了奸臣，他相信肃宗一定会使国家兴旺起来。在这段中，主要是对皇帝的赞颂。按照封建时代的礼数，以赞颂形式作结也不足为奇，是顺理成章的事情。诗的最后两句"煌煌太宗业，树立甚宏达"，期待朝廷和皇上能够重建开元盛世的辉煌，使唐王朝中兴发达起来。

总之，在当时，作者写出了《北征》这

杜甫草堂花园

诗圣杜甫与现实主义诗歌

杜甫在《重经昭陵》
诗中所描写的景观

杜甫毕竟是一个忠于朝廷和皇帝的士大夫形象，他把希望完全寄托于唐肃宗，他对封建制度不可能有深刻的理解和剖析，这是时代的局限性。作为一个伟大的现实主义诗人，他已经是一个站在时代前列的伟大作家了。

唐军收复了长安时，杜甫也写了一些律诗。杜甫在唐军收复洛阳后，全家迁回长安。途中再过昭陵，写了《重经昭陵》一首排律，因为是收京后的作品，其心情不再像前面那些律诗那样的悲慨了。回长安后，他也写了一些表现宫廷和个人生活的诗。公元758年3月，杜甫又写了一首《洗

墙影斑驳

兵马》，表现了杜甫关心时事，关注农业生产和人民的思想感情。

新乐府组诗"三吏""三别"指的是《新安吏》《潼关吏》《石壕吏》《新婚别》《垂老别》《无家别》。这时，由于安史之乱，使得整个社会动荡不安，百姓流离失所，生活在水深火热之中，这组诗，是杜甫由洛阳重返华州任所，沿途目睹百姓被迫征兵服役，写出了这一组诗。在这组诗里，表现了诗人对国家、社会局势的忧虑，对人民的同情。六首诗的内容各有侧重，写法也各有不同。在这组诗中，《石壕吏》是最为著名的。

石壕吏

　　暮投石壕村，有吏夜捉人。老翁逾墙走，老妇出门看。

　　吏呼一何怒，妇啼一何苦！听妇前致词：三男邺城戍。

　　一男附书至，二男新战死。存者且偷生，死者长已矣！

　　室中更无人，惟有乳下孙。有孙母未去，出入无完裙。

　　老妪力虽衰，请从吏夜归，急应河阳役，犹得备晨炊。

　　夜久语声绝，如闻泣幽咽。天明登前途，独与老翁别。

全诗共分三部分。

头四句为第一部分，交代了诗人的行

夜久语声绝，
如闻泣幽咽

踪及正逢"有吏夜捉人"的事实。在这四句话中，我们可以看到，由于战乱，使得朝廷不停地征兵，老百姓可谓是深受其害。而"有吏夜捉人"说明抓人征兵已经是家常便饭了，所以，当"吏"捉人时，老翁早有准备，越墙逃走了。由此可看，作者对征兵一事，已经表明了自己反感的态度。

中间十六句为第二部分，以老妇的陈述为中心，写吏"捉人"的经过。老妇人一方面陈述自己家里三个男孩有两个已经战死了，另一个也还在战场上。希望"吏"能手下留情，不要再到她家里来捉人了。接下来老妇说家里"更无人"，"惟有乳下孙"。

杜甫草堂内陈列的诗句碑刻

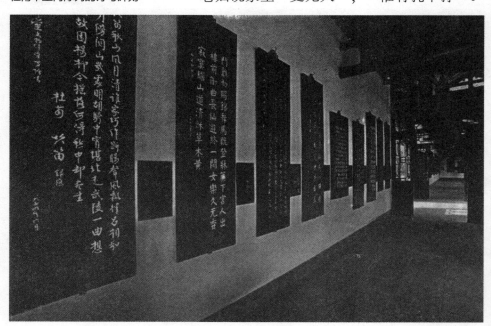

诗圣杜甫与现实主义诗歌

杜甫草堂内景

最后当被逼无奈时，老妇主动请求跟从"捉人"吏离去。

　　最后四句是第三部分，即使是年老的妇人也被强征服役了。在这里，孕育着极其复杂的情感。作者在这里一方面对眼前所看到的"吏夜捉人"一事进行了真实的再现，表明了自己对这一事件的反感和无奈，同时也为老妇一家为平定叛乱做出的牺牲而感叹不已，在这首诗里诗人的内心是非常矛盾的，一方面诗人也希望早日平定叛乱，另一方面，对朝廷强行征兵表现愤恨，对人民在战乱中所做出的牺牲表示同情，表达了作者忧时伤乱的情感。

从写《自京赴奉先县咏怀五百字》到写"三吏""三别"，前后不到四年的时间。这段时间里，杜甫目睹了国破家亡的惨境，也品尝到了逃难生活的艰辛，他被叛军抓过，他亲眼看到了叛军在长安城内的烧杀抢掠，他也看到了战后沙场的惨烈；他冒着生命危险逃出长安去见皇帝，也冒死直谏，他为时局的动荡不安、百姓的流离失而痛哭流涕，为思念家人而辗转反侧，他品尝了初见家人时悲喜交集的滋味。这一段的生活经历使诗人经历了千种磨难，但同时，也使得诗人为

杜甫塑像

诗圣杜甫与现实主义诗歌

非无江海志，潇洒送日月
（《自京赴奉先县咏怀
五百字》）

我们留下了宝贵的不可多得的文学遗产。

　　当然在他这些作品里足以说明他的
"沉郁顿挫"的风格，思想感情的郁积和
表现手法的含蓄是他形成这种风格的主要
因素。当然，杜甫在这种风格之中，也通
过真实的细节描述，表现极其生动的情趣，
虽然笔力深沉，但逸趣横生。

陷贼为官时期

五 漂泊西南十一年

《曲江二首》石刻

杜甫在长安收复之后曾做了左拾遗的谏官，但好景不长，朝廷不但不采纳他的建议，而且把他贬了出去。《曲江二首》是他贬官之前的作品，作品写得非常悲哀。不久他就被外迁(有贬逐之意)到华州，让他做华州(陕西省)的司功参军，这是刺史手下的一个属官，主管人事考核，如果杜甫贪赃枉法的话，这还真是一个肥缺。可杜甫为人正直，当杜甫主持考试的时候，把上至州刺史下至应考的学生全都得罪了。

据《新唐书》上载，乾元二年的秋天，杜甫因为关中饥荒，弃官把全家迁到了秦州(现甘肃天水西南)。他有一个叫杜佐的侄

诗圣杜甫与现实主义诗歌

子在秦州，听说这里还不错，就来到了这里。其实，弃官不做并不是杜甫的本意。在他的《秦州杂诗二十首》诗里曾说"满目悲生事，因人作远游。"他说，我眼里看到的都是一些社会上许多工作令人悲哀的事情，因为人际、人情的关系，我远游去了秦州。还说"平生独往念，惆怅年半百，罢官亦由人，何事拘形役"。他目睹了战役使得社会动荡不安、民不聊生，所以不得已要举家迁至秦州。他在《秦州杂诗》里说"瘦地翻宜粟，阳坡可种瓜"，因为杜甫在秦州比较干旱，所以比较适合赞成粟米，那里有很多的山坡，我可以在向阳

杜甫像

漂泊西南十一年

的山坡上种瓜。可是，这里冬天特别冷，他的侄子也不是很富有，他在离开秦州时写过的诗中这样说道："无食问乐土，无衣思南州。"就是说我种植的东西没有收获，现在已经没有可吃的东西了，想一想哪里能有一方乐土，让人吃饱而且还不冷？于是他就想到温暖的南方去。

他在秦州的生活还是非常艰苦的，但在这样的条件下，杜甫从未敢忘怀过国事，在他《遣兴三首》《留花门》等诗中都不同的反映了这方面的内容。其中《佳人》这首诗，通过写一个在乱离中被丈夫遗弃的女人的遭遇，曲折地反映了自己在政治上的怀才不遇。

诗人在秦州期间，一直对李白不能忘怀。有时在梦中经常会梦见李白。曾写了《梦李白二首》等悼诗，对李白给予了中肯的评价，在其二首中这样写道：

冠盖满京华，斯人独憔悴。孰云网恢恢，将老身反累？千秋万岁名，寂寞身后事。

杜甫写这首诗，其实是他疑心李白已不在人世。后来他又得到李白的消息后，写了《寄李十二白二十韵》，又表现了自己欣喜若狂的感受，由此可以看出杜甫对李白的深情厚谊。

《杜甫在秦州》雕塑

诗圣杜甫与现实主义诗歌

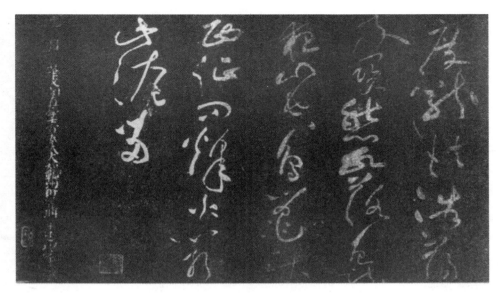

《杜甫秦州诗》

　　杜甫在这个时期中，已经将五言诗发展到了炉火纯青的地步。其最重要的代表作品是《秦州杂诗二十首》，这是一组五言律诗。在这组诗中，写景的地方很多，而且各有其妙。当然其中也有不少作品抒写了自己感想和怀抱，很令人感动。难怪宋人林亦之说："杜陵诗卷是图经。"杜甫这时期的五律也有一些谈到了戍边战士防备吐蕃进攻的以及对吐蕃作乱的忧虑、与回纥和亲、借兵平乱失败等内容。这时期还有一些咏物的诗，借咏物来借喻，抒写自己的遭遇。代表作品如《归燕》《促织》《蒹葭》等。

　　杜甫由于在秦州的生活窘迫，一直想

同谷草堂

带领全家离开秦州。这时，甘肃成州同谷县的县令写信欢迎他去。杜甫考虑到同谷地产丰富，比较容易解决温饱问题，因此兴致勃勃地前往，可在去的路上，杜甫看到的都是一些不合理的社会现象。从秦州到同谷，他一共写了十二首纪行诗。来到同谷之后，那位同谷县令并没有怎么援助过他，这时的杜甫不过48岁左右，但已经是白发蔽耳的老人了。这段时期，可以说是杜甫一生中最穷困潦倒的时期。在西行期间他有一首名篇《乾元中寓居同谷县作歌七首》，这里面有写对故乡的思念、对家人的依恋，对国家的担忧，也有一些比较激愤的内容，这组诗中前两首是这样写的：

同谷草堂

其一

有客有客字子美，白头乱发垂过耳。
岁拾橡栗随狙公，天寒日暮山谷里。
中原无书归不得，手脚冻皴皮肉死。
呜呼一歌兮歌已哀，悲风为我从天来。

其二

长铲长铲白森柄，我生托子以为命。
黄独无苗山雪盛，短衣数挽不掩胫。
此时与子空归来，男呻女吟四壁静。
呜呼二歌兮歌始放，闾里为我色惆怅。

第一首是说有一个叫杜子美的人居住在这里，五十岁左右就已经披散着满头白发。他每天到山上捡人家用来喂狙的橡子和栗子吃。这时候天寒地冻，为了寻找吃的，我一直要等到黄昏时分才能回家。

第二首是写他生活的窘迫。他拿着用来维持生计的铲子，用它可以挖黄独的根苗，黄独是一种类似于洋芋、白薯之类的植物，其根可食。如果天不下雪，很容易看到露在地面上的秧苗，可以把它的根挖出来吃。可是，如果漫天大雪的时候，大地被雪覆盖，就很难找到它的秧苗，于是只好把衣服挽起来，可是衣服太短小以至于连小腿都盖不住了。由于天降大雪，等到晚上也没有找到黄独，所以只好空手而归，回到家里，只听到饥饿的呻吟声，因为他饥寒交迫，累得也说不出话来了。这种情况下，诗人不能在坐以待毙，恰好在四川的朋友约他去成都，想到那里物产丰富，一年之中粮食可以收获两到三次，所以杜甫举家开始迁往四川的成都。

诗人在同谷县大概呆了一月，公元759年年底，诗人终于来到了成都。这次南行到成都，作者也写了不少五言古诗。自《发同谷县》到《成都府》共十二首。这一年来，作者几经周折，为他的创作也提供了许多宝贵的素材。在《发同谷县》诗中说："奈何迫物累，一岁四行役？"这是说他在公元759年这一年里，他去了四个地方，最终来到了四川成都。沿途作者也写了一些使人如临其境的作品，特别是写了一些歌唱祖国壮丽山河的作品。当然，诗人也写了一些对国事的担忧，对地方割据的担忧。在《成都府》中作者由衷地歌颂了这座名城，但他依然不能忘怀中原。

诗人来到四川成都之后，这里的天气确实比较暖和，当地的长官对杜甫也非常好。

少陵草堂

诗圣杜甫与现实主义诗歌

杜甫草堂内茅草屋

在大家的帮助下，他在成都的西郊浣花溪边盖了一所草堂，草堂原是一座古寺。在它周围，有一条浣花溪，这条溪水有三丈宽左右，就像一条小河，从西往东流着。这里的风景秀丽，环境幽雅，溪边也住有一些人家。这时他的表弟资助了他一些钱财，让他把草堂修缮了一番，他又从朋友那来要来一些花草树木，亲自种植。这座草堂可以说是杜甫和他家人以及亲朋好友共同营造的。不管怎样，杜甫经过千辛万苦，总算有了一个落脚的地方，而且对颠沛流离的杜甫来说，这是他一生中比较安定的时期，为此他还写了一首七言律诗：

《堂成》

背郭堂成荫白茅，缘江路熟俯青郊，
桤林碍日吟风叶，笼竹和烟滴露梢。
暂止飞乌将数子，频来语燕定新巢，
旁人错比扬雄宅，懒惰无心作解嘲。

可见，他用心血建造的这一处避风港，使得诗人欣喜若狂。尽管这里的条件并不是特别好，但一直过着漂泊不定生活的诗人，总算是有了落脚之地，使得他的心灵多少得到了一些安慰。

杜甫从华州到四川的漂泊生活经历了十一年。尽管一路上经历了千辛万苦，但他始终没有忘怀国家、忘怀朝廷，更没有忘记人民。在这漂泊的十一年中，作者竟然写出

杜甫草堂内景

诗圣杜甫与现实主义诗歌

了一千多首诗。《茅屋为秋风所破歌》《登岳阳楼》《闻官军收河南河北》《又呈吴郎》《曹田父泥饮》《诸将》《秋兴八首》《岁晏行》等都是此时期创作的优秀作品。这一时期的作品与前期不同的是，创作方法和手段更加成熟、形式更加多样化。其思想内容更加深刻了。在成都呆了八九年之后，杜甫一心想要在自己的家乡终老。在《奉送严公十韵入朝》中说："此生那老蜀，不死会归秦。"他不希望自己死在异乡，希望有一口气，也还是要回到自己的故里——长安。而由于安史之乱之后，藩镇割据的现象非常严重，再加上长安曾经一度沦陷在吐蕃人的手中，于是杜甫选择了水路回长安。后来，他听说朝廷的军队收复了河南河北，便写了一首《闻官军收河南河北》：

《闻官军收河南河北》

　　剑外忽传收蓟北，初闻涕泪满衣裳。

　　却看妻子愁何在，漫卷诗书喜欲狂。

　　白日放歌须纵酒，青春作伴好还乡。

《闻官军收河南河北》石刻

即从巴峡穿巫峡，便下襄阳向洛阳。

　　公元 762 年，唐朝军队在陕州向安史叛军发动了猛烈的进攻，并相继收复了洛阳、河阳等地。接着，又进军河北。公元 763 年的正月，叛军首领史朝义走投无路，自缢而死，到此，延续了七年零两个月的安史之乱，终于被平息了。杜甫当时正漂泊在梓州，听到这一消息之后，欣喜若狂，悲喜交集，这首诗也被后人誉为"生平第一快诗"。在这首诗里，诗人一方面写出了当听到官兵平定叛乱后欢喜流泪的情感，杜甫得知好消息后，便大声地唱歌、豪放地喝酒，他要在春光的陪伴下，回到自己的故乡去。他计划好了自己的路线，先从成都到重庆，走水路经过巴峡、巫峡，然后到湖北的襄阳，转路回到北方的洛阳去。此时的杜甫无法抑制自己的兴奋心情，已经"喜欲狂"到了极点。如果说杜甫的诗一直是以"沉郁顿挫"为主要风格，那么这首诗则表现了诗人昂扬轻快的风格。

诗人果然开始从四川出发了，在此之前，诗人曾坐船到了湖南的岳阳，登上岳阳城的城楼，写下了这首《登岳阳楼》：

> 昔闻洞庭水，今上岳阳楼。
> 吴楚东南坼，乾坤日夜浮。
> 亲朋无一字，老病有孤舟。

《登岳阳楼》

岳阳楼风光

戎马关山北，凭轩涕泗流。

他在归乡的路上，在湖北、湖南漂泊了二三年。公元 770 年冬天，杜甫死在了由长沙到岳阳的一条破船上，但诗人一直未能魂归故里，继续漂泊了四十三年。公元 813 年，他的孙子杜嗣业将"诗圣"停在岳阳的灵柩归葬偃师。